시로 살기로 했습니다만

시로 살기로 했습니다만

돌산

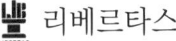
리베르타스

시집을 내면서

시는 감동이어야 한다고
술자리에서 언제나
당신은 말씀하셨다.
그 말씀 지키지 못하고 산 지
오래되었다.

당신의 부고도
벌써 1주기라는 소식도
우연히 보았다, 검색창에서.

한국으로 돌아온 지 오래되었으나
죄송한 마음에 찾아뵙지 못했다.
부고조차 알지 못했다.

새벽까지 함께 기울이던 술잔이
그 많던 이야기들이
한꺼번에 쏟아져 내린다.

시는 감동이어야 한다.
최소한 시는 그래야 한다.

바람이, 아아 바람이
가슴을 쥐어뜯고 흩어진다.

차례

시집을 내면서	4
꽃을 사랑한다면	10
겨울꽃	11
거울 앞에서	12
천강지월(千江之月)	14
바라나시발 새벽 열차	16
바다와 산	18
영락공원	20
지지 않는 꽃	22
길 위에서	24
새벽종	26
기억이 나를 울게 한다	27
아직 피지 않은 꽃	28
모란과 너	30
나무와 강	32
철이 든다는 것은	34
동백 가로수	35
동백, 피다.	36
동백, 지다.	37
동백, 지다 2	38
바람, 구름 그리고 강	40
사이	42
초신성	43

호포역에서	44
시소	46
부드러운 슬픔	48
별에게	49
꽃피는 아몬드 나무	50
새	51
새 2	53
용기	54
별이 되어 네게로 간다	56
어머니와 홍시	58
세상에서 가장 먼 여행	60
가을을 달리다	62
길	64
콩나물	65
네 잘못이 아니다	66
눈물꽃	69
생각에 대한 생각	70
쓰러지지 않아야 하는 이유	72
못 다한 말	74
우리가 먼저 사랑이 되어	76
봄소식	78
봄	79
봄비	80
이른 봄 들꽃밭에서	81
봄날	82

똥강아지	84
시로 살기로 했습니다만	85
전염	86
흑백사진	88
희망이 지겨워졌다	89
희망이 지겨워졌다 2	90
소유에 관하여	91
아이러니	92
낙동강에서	94
낙동강에서 2	96
삐걱거리다	97
세월호	98
편지	100
시(詩)	102
친구에게	103
친구에게 2	104
친구에게 3	105
친구에게 4	106
친구에게 5	108
천장(天葬)	109
천장(天葬) 2	110
천장(天葬) 3	112
천장(天葬) 4	113
천장(天葬) 5	115
나는 누구인가?	117

꽃을 사랑한다면

꽃을 시들게 하지 마라.
그 꽃이 흘린 눈물이
마침내 그대의 눈물이 될거니

항상 물을 주어 꽃을 시들게 하지 마라.

꽃의 눈동자를 본 사람
꽃의 심장 소릴 들은 사람

그 꽃을 꺾어 너의 화병에 꽂지 마라.
살아서 사랑하게 하라.
이 한 번의 생을 축복케 하라.
단 한 번의 윤회도 제발,
꿈꾸게 하지 마라.

겨울꽃

그대 홀로라도 아름다워라!
비바람 친 날들만큼
아파한 날들만큼
웅크리고 앓아온 시간들 다 지나가고
또다시 새날은 밝아

흩어지는 눈발을 맞으며
스쳐가는 무수한 사람들 사이를 걸으며
가난한 이들이 혹시나 마음까지 아플까봐
애써 웃어주는 한 켠의 푸른 하늘을 닮아서

그대 홀로라도 아름다워라!
아무도 그 아픔 알지 못해도
품어 안은 그 상처의 깊이 알지 못해도
그래도 살아 피운 검붉은 마음 하나
혹한에 시들지 않고 하늘에 핀다.

그대 그렇게 홀로라도 아름다워라!

거울 앞에서

거울을 보다가
문득 낯선 얼굴을 본다.
자꾸 침침해지는 눈을 비벼보아도
내가 나를 모른다.

안다는 건 무엇인지
금방 변해버리는 세월 앞에
저만큼 낯선 내가 웃고 있다.

거울 속의 너는 누구인가?
새파랬던 청춘은 간데없고
하릴없이 새겨지는 세월의 흔적 가득한

지금까지 달려왔던 길에
남은 건 달랑
금방이라도 쓰러져버릴 것 같은 몸뚱이 하나지만
겁날 것 없이 살았던가 보다.

거울 앞에 서서
나를 보는 너는 누구인가?
너를 보는 나는 또
누구인가?

천강지월(千江之月)

강물 위 뜬 달을 바라보다가
여기까지 왔네.
문득 아파지는 삶의 옹이들을 쓰다듬으며
여기까지 왔네.

물결이 밀려오면 별빛도 함께 흐르고
흔들리며 빛나는 천 개의 달빛들이
와아 와아 와아 살아서 오는 소리
남쪽 하늘에서 들리는 어린 날의 노랫소리

한 강물의 한숨에
천 개의 달이 뜨고
부서지듯 빛나는 달빛에
천 가닥의 검은 강이 울고 있다.

여기가 어딘가 묻지 않으련다.
멈추어 바라보는 검은 물결 위로
잃어버렸던 세상이 다시 깜박인다.
천 개의 강이 하나의 달에 떠오른다.

바라나시발 새벽 열차

무엇이 너를 흐르게 하는가?
벗어버린 한 생이 흐물흐물 떠나가는 이 강가에

무엇이 나를 이곳에 오게 했을까?
웃음과 울음이 한꺼번에 터져나오고 사라지는 이곳에

타다만 장작처럼 앉아서
타다만 주검들을 보면서
가난하지 않은 날이 한 번은 있었는지
허허로이 물어 본다.

무엇이 너를 이 낯선 곳까지 데려왔을까?
무엇이 나를 또 떠나게 하는가?

흰 소의 혀처럼 붉게 타오르는 태양아
너를 등지고 가는 자의 길은 멀어
오늘은 또 어디서 지친 몸을 누일까?

짙은 땀내음에 묻혀 온몸이 터져버릴 것 같은
새벽 삼등 열차의 짐칸 위에 얹혀
낡은 짐짝처럼 선잠을 잔다.

내려야 할 곳이 어디인지
어디즈음에서 내리고 싶은 것인지
하릴 없이 생각만 하다
쿨럭쿨럭 흘러간다, 깨어지는 짜이 찻잔과 함께

바다와 산

바다가 바라다 보이는 곳에 서면
어디론가 떠나고 싶다.
저 물을 따라 출렁출렁 가다보면
그 끝이 보이지 않아도
달콤한 잠을 잘 수 있을 것 같다.

술에 기대지 않아도
어둠에 숨지 않아도
이제 겨우 눈을 감을 수 있는데

눈 쌓인 산을 보면
그 곳에 가 살고 싶다.
눈빛들로 화사해진 그루터기에 앉아 있으면
어느새 밤하늘이 눈을 떠
수다나 떨자며 손을 부비며 다가설 것만 같다.

더 이상 술에 기대지 않아도
더 이상 밤을 뒤척이지 않아도
싱겁게 웃을 수도 있는데

아직도 바다가 바라보이는 곳에 서면
어디론가 떠나고 싶다.
아직도 눈 쌓인 산을 바라보면
그곳에 가 자꾸 살고 싶다.

영락공원

죽은 자들의 도시에
싸락눈이 내린다.
가끔씩은 굵은 빗방울도 섞여 내린다.
이렇게 어둡고 축축한 날은 죽은 자들도 침묵 속에서
술만 들이킬 것 같다.

오래된 자들의 무덤 위에
새로운 자들의 봉분이 놓이고
옛 이름과 지금의 이름이 만나서
악수라도 하고 있는 것일까?
눈발이 거세어진다.

눈 앞에 선 산은 벌써 머리가 하얗다.
오래 웅크리고 앉아 허리가 굽어버린 소나무 어깨에도
깨알 같은 눈발들이 득달같이 달려든다.
말 없는 자들이 주인인 곳에
까치떼가 몰려다니며 멈추지 않는 수다를 떤다.

오늘따라 지지 않는 꽃이
몹시도 지쳐 보인다.

지지 않는 꽃

세상에 태어난 후
한 번도 져 내린 적 없다.
꽃잎 한 장 떨군 적 없다.

먼지만 가득 쌓은 채
여러 해 흘러가지만
나는 돌아가 묻힐 곳이 없다.

태어날 땐 아름다웠으나
지금은 누구도 돌아보지 않는 천덕꾸러기가 되어
바람 따라 뒹굴고 있다.

벗들이 하나 둘 떠난 자리
눈물도 없이 홀로 앉아서 있노라니
진다는 것이 숨 막히게 부럽다.

꽃잎 하나 떨군 적 없다.
저 바람에 맘껏 흔들려 본 적 없다.
눈비에 울어본 적도 없다.

화려한 옷을 걸쳐 입고도
나는 나를 산 적이 없다.
알몸으로 시들고 싶다.
하얀 먼지로 날리고 싶다.

길 위에서

누구나 길 위에 서게 되지만
모두 다 같은 길을 가는 것은 아니다.
비탈길로 돌아 돌아가는 이도 있고
곧은 길로 곧장 쉬이쉬이 가는 이도 있고
길을 잃고 수없는 날을 헤매는 이도 있다.

하지만 그도 길이다.
때론 눈물 나고
때론 서럽고
때론 화도 나고
때론 좌절하는

어둠에 서 본 이는 안다.
그 길에서 짐승처럼 헤매어 본 이는 안다.
길은 선택이 아니다.
하지만 그 길에서 만나는 모든 것은
선택이라는 것을

그 길 위에서 우리가 할 수 있는 건 오직
어제보다 조금 더 지혜로워지는 것.
어제보다 조금 더 나은 사람이 되려는 것 뿐.

모두가 길 위에 서서 그 길을 가지만
누구나 자신의 길을 가는 것도
모두가 올바르게 가는 것도 아니다.

한줄기 바람이 그대를 꿰뚫고
한 방울 물이 그대를 부셔버리기 전까지
그대의 마음을 흔드는 것은
그대가 아니다.

새벽종

누구인가?
새벽을 핥으며 창밖에 부려놓는 이는
희끄무레한 그림자들을 무더기로 데려와
졸린 참새떼를 휘젓고 다니는 이는

저만치서 어정거리는 바람을 불러와
아직 잠 깨지 않은 창을 마구잡이로 흔들어놓는 이는
누구인가?

스쳐가고 남은 것들이 떠도는 하늘엔
깜박 데려가지 않은 잔별들이 소스라치듯 사라지는데

누구인가?
셀 수 없는 말의 껍데기만 뿌려놓고
황급히 뒷걸음쳐 가는
너는!

기억이 나를 울게 한다

하늘이 눈을 떠 바람을 어루만지고
별들이 깜박이며 어린 날의 노랠 부르면
기억의 저편에서 살풋 날아오르는
함박눈 같은 그리움

양철지붕 깨우던 빗소리
아궁이에서 꺼내 물던 뜨거운 고구마랑 옥수수
너무 뜨거운 아랫목과 금새 코가 얼어버리던 윗목
장작불 불꽃이 타닥타닥 밤새 밤을 지키던

그곳은 어디인가?
눈부신 햇살이 창살을 뚫고 들어와
잠꾸러기 어서 일어나라 궁둥이를 툭, 툭 치며 낄낄대던
양지녘에 모여 오지랖 넓히던 냉이랑 씀바귀가
느닷없는 찬바람에 벌렁 나자빠지던

그곳은 정녕,
어디즈음이던가?

아직 피지 않은 꽃

화들짝 핀 꽃들이
화들짝 져내린다.
나는 이런 환호성이 싫어서
아직 채 추위를 벗지 못한 느린 나무들의 휘둥그레진 눈을
지그시 바라본다.
겨울의 흔적인지 삶의 상처인지 모를 옹이들이
내 몸에서 꿈틀거린다.
제 몸을 비집고 태어나는 것이 방풍만은 아닌 것 같다.

아이들이 아픈 곳에서 나는 웃음을 잃었다.
그 아이들이 자라서 어른이 되고
그 어른들이 또 아이들을 아프게 하는 곳에서
나는 무엇을 해야 할지 도무지 알 수가 없다.

화들짝 핀 꽃들을 보며 환호하는 사람들 속에서
화들짝 져내리는 꽃들을 본다.
꽃 한 번 피워보지 못하고 시드는 것들이 얼마나 많은가!
늦게 펴도 아름다운 꽃들은 또 얼마나 많은가!
모두 같은 꽃을 피우지 않아도 저마다 아름다운 것들

어른이 되면 왜 자꾸 잊는가?
살기 위해 욕망의 아귀가 되어가는 자신에게도
다 다른 꽃같이 살고 싶은 어린 날이 있었다는 걸
화들짝 피고 지는 꽃들 속에서
아직 피지 않은 꽃들도 봄을 채운다는 것을

모란과 너

붉은 모란 꽃잎 위에
하얀 구름 가져와 흘러가는 바람을 그려
너에게 보낸다.

하얀 모란 꽃잎 위에
붉은 빗방울 가져와 흘러가는 강물을 그려
너에게 보낸다.

지금은 어디서 살고 있는지
지나온 세월에게 물어보지만
너의 주소도 너의 얼굴도 이제는 모른다 한다.

별들이 총총한 어느 산에서
마주 보고 까르르 웃던 청춘은 가고
흰 머리, 깊은 주름 하나 둘 정신없이 늘어가는 나이 즈음에
나보다 먼저 떠난 네가 그리워
하나 두울 져내리는 모란꽃들 바라보다
검은 한숨만 쉰다.

모란이 활짝 피면 언제나 비가 오고
비가 오면 얼른 그 꽃잎 다 버리고 훌훌 떠나버린다고

오늘,
그 모란 꽃잎 활활 지는 억수비 사이를
나조차 잃어버린 내가
휘청거리며 간다.

나무와 강

사람이 된다는 게 왜 이리 힘든 것인지
저물녘에서야 비로소 보인다.
보지 않고 지나온 상처들이
덧없이 화려했던 꿈들이

저 산도 여름을 지나면서 차츰 한숨을 돌리고
저 강도 여름을 지나서야 한층 깊어진다.

저물면서 비로소 보인다.
사람이 된다는 게
사람으로 산다는 게

겨울로 가는 나무들은 가진 것 모두 내려놓고서야
비로소 하나의 산이 되고
바다로 가는 강물들은 마음이 좀 더 넓어져서야
비로소 하나의 바다가 된다.

한 그루 나무가
하나의 강이
하나의 삶이
그렇게 닮아있다.

철이 든다는 것은

느닷없이 들이닥치는 빗줄기 속을 달려가다 겨우 피한
어느 낮은 처마 밑에서 그 비를 오래도록 바라보는 것

동백 가로수

동백이 진다한들
누구도 서럽다 말하지 않는다.
눈밭에 버려진 붉은 심장들
뚝뚝 떨어진 선연한 핏자국들

무심히 사람들은 스쳐간다.
와르르 무너져 내리는 몸뚱이가 금방이라도
미칠 것만 같은데
힐끗 눈길 한 번 주고 그냥 간다.

젊음의 영광이 흩어져
마구 져 내리는 날
쳐다보는 이 없다.
혀 차는 이만 많다.

동백이 진다한들
누구도 슬퍼하지 않는다.

동백, 피다.

나를 볼 때 당신은 반짝반짝 빛이 났어.
내 손을 잡을까 말까 주저하며 두근대던 불꽃들의 설렘,
그 빛에 전염되어 내 주위로 조그마한 빛들이,
꽃잎들이 춤출 때
당신은 활짝 핀 꽃이 되어 붉게 웃고 있었어.

꽃이 된 당신,
불꽃이 된 당신의 반짝임이 내게로 와
그 빛들이 나를 화르르르 웃게 하고 빛나게 했어.

히죽 웃는 당신의 입가로 자그마한 꽃잎들이 터질 때
나 역시 작은 꽃불이 되어 훨훨 날아다녔어.
당신이 꽃이었을 때,
당신이 세상에서 가장 환한 불꽃인
바로 그, 때에.

동백, 지다.

한 닢 꽃잎으로 왔다
한 줄 바람으로 갔다.

그 꽃잎 스친 자리 자리
한 올 한 올 붉은 아픔

뚝, 뚝 흐느끼며
까무러친다.

동백, 지다 2

펑펑 눈이라도 내렸음 좋겠다.
한 사나흘즈음은 그 눈 속에 갇혀
꼭꼭 숨어버렸음 좋겠다.
미치도록 환한 밤과
노래방의 고함소리가 들리지 않는
느지막이 일어나 방문을 열면
온통 새하얀 눈빛들이 길을 밝히는 고즈넉한 집에서

싸락눈이라도 내렸음 좋겠다.
그 눈을 맞으며 하루종일 걸었으면 좋겠다.
얼굴에 부딪는 차가움
눈물인지 설움인지 다가오는 상처 따위는
금강 어디쯤 묻고 오면 좋겠다.

눈물이라도 흘렸음 좋겠다.
좋을 것도 그리 서러울 것도 없는 나이에
흐르지 않는 눈물이 나를 서럽게 한다.
동백도 한 번은 제 몸 던져 펑 펑 우는데
한 번쯤은 어디 낯선 귀퉁이에서라도
엉 엉 울어버렸음 좋겠다.

바람, 구름 그리고 강

바람이 없어도
구름이 없어도
저 강물이 없어도
나는 가리.
내 작은 보금자리 그 산 어느 자락 작은 집에

내리는 빗줄기 바라보다 잠이 들고
내리는 눈발에 눈부셔 일어서는

바람이 없어도
구름이 없어도
저 강물이 없어도
나는 흘러 가리.
산다는 건 흘러간다는 거
이 삶이 끝날 때까지 멈추지 않는다는 거

나는 바람이었네.
나는 구름이었네.
아아 나는 이름 없는 저 강물이었네.
그래서 멈출 수 없었네.
내 사랑 너를 향해 가는 마음을
차마 멈출 수 없었네.

사이

너와 나 사이에 '사이'가 있다.
행복은 '사이'에서 나와 '사이'에 머문다.
사랑은 '사이'에서 자라 '사이'에서 익는다.

사이는 숨길이다.
네가 내게로 설레며 오는
내가 네게로 두근대며 가는

생명의 DMZ다.

초신성

아무도 잠들면 안 된다.

저 먼 별이 여기까지 오는 데는 백만 년

펑 하고 죽어서 내 눈에 닿기까지 백만 년

내 죽어 저 별이 되기까지 또 백만 년

두 눈 부릅뜨고 꼭꼭 보아라.

저 별의 화려한 죽음을,

나의 조용한 탄생을,

호포역에서

어쩌다 여기까지 왔을까?

시간의 변두린지, 모서린지를 쓰다듬다
문득 눈에 보이는 별들의 시간을 본다.

어제와 오늘, 그리고 그것들이 모인 내일
죽음과 삶의 땀내음
서로 품어 안고 다독이며 사는 별들을
나는 어느새 의심의 눈으로 본다.

저것들이 위성인지 아님 진짜 별들인지
그것도 아님 떠나지 못한 어느 인간들의 영혼인지

그저 잠시 붙들고 사는 시간인데
이 몸은 무거워 자꾸만 허둥거리고
어디즈음 홀렁 벗어놓고 싶은데도 기어코 삐걱거리며
따라온다.

그저 잠시 머무는 시간인데
무거워라,
팔다리 없이 마냥 엎드린 지하도 저 사내의 몸뚱이처럼
하루 종일 기다려도 손님 하나 없는 쬐끄만 구멍가게의
주렁주렁한 하품처럼.

시소

한여름 도가니탕같은 빈 놀이터
올라갔다 내려갔다
한눈에 바라보이는 중앙 덩그러니 놓인 녹슨 시소 하나

화르르르 쏟아지는 햇살 같은 웃음 싣고
올라갔다 내려갔다
와르르르 무너지는 절벽 같은 눈물 싣고
올라갔다 내려갔다

괴로움이 덩어리로 몰려와
올라갔다 내려갔다
즐거움이 한아름 몰려와
올라갔다 내려갔다

텅 빈 놀이터 찌는 듯한 더위 속에
천만 가지 생각들만 올라갔다 내려갔다
올랐다 내렸다
올랐다 내렸다
올랐다 내……

부드러운 슬픔

마지막은 모두 똑같다.
뒤돌아볼 겨를도 없이 헐떡이며 살아왔든
슬렁슬렁 뒷짐지고 살아왔든
더는 시간 없긴 매한가지다.

그럼에도 나의 마음은 기억한다.
저 뭇별들의 죽음으로 내가 태어났고
하루를 마친 지치고 외로운 걸음을 지키는
쓸쓸한 그림자조차도 그 별들의 기억이라는 것을.

시간의 심장을 살포시 어루만지며
솜사탕 같은 달빛을 그윽한 눈빛으로 바라보는 것도
별들의 언어로 별들의 춤을 추는 것이라는 것을.

마지막은 모두 똑같다.
그것을 아는 것이 사는 것이다.

시간이,
오늘은 나를 깜박,
잊은 것만 같다.

별에게

너는 나의 과거이자 미래.

지친 어제와 힘찬 내일.

살아간다는 것은
그 어디 중간즈음에서 걷는 것.

꽃피는 아몬드 나무*

내 귀를 잘라 네게 보여주마.
나를 미쳤다 하는 사람들의 크나큰 비웃음에도
내 곁을 지키는 아름다운 사람아.
줄 것 없어 자꾸 만지작거리는 빈 호주머니 속 두 손
거칠게 갈라지고 울퉁불퉁 불거진 못난 그 두 손으로

사랑이라 쓰며 나는 운다.
눈부신, 미치도록 눈부신 네 마음이 고마워서
가난이 서럽게 서러워진 날에
희디 흰 종이 위에 그린다,
네 이름으로
내 사랑으로
환하게 피어나는 꽃들의 콩닥이는 작은 심장을.

*꽃피는 아몬드 나무 –고흐의 그림

새

얼어붙은 하늘을
하염없이 바라보는 새야!
네 봄은 어딜 가고
홀로 늙어 가는가?

어느덧 늘어가는 흰 머리칼
자꾸 느려지고 귀찮아지는 몸뚱이도
살아온 날들의 흔적이라
그저 고개만 끄덕일 뿐인데

바람이 되고파서 두 팔을 저어보지만
두 발이 땅에 묶여 날을 수 없네.
강물이 되고파서 울어보지만
가슴이 무거워 흐를 수 없네.

어느 날 돌아가야 할
두고 떠나온 그 어딘가가
사무치게 사무치게 그리워지는 날이 오면

새야 너는
날아서 가라.
날아가는 그 하늘 길이 아득해
쉬어가는 그 길목에 웅크려 앉아 목 놓아 울더라도

새야!
날아올라라 네가 꿈꾸던 삶을 향해
춥고 긴 겨울을 거슬러 오르는
저 어리고 애달픈 아기 초록들처럼

모든 것이 늙고 병들어
마침내 스러져가지만
바람이 불어오고 불어가듯이
강물이 출렁이며 흘러가듯이
사는 것도 그런 것이라고 끄덕이며

새야!
다시는 이 삶으로 돌아오지 마라.
섧고 설운 이 한 삶이 끝이라고 미친 듯이 날아가
다시는 돌아오지 마라.

새 2

밤은 깊어가고
비는 하염없이 내리는데
길 잃은 새 한 마리가 운다.
온몸이 젖어 바들거리면서도
앙상한 나뭇가지에 앉아서 먼 곳만 바라본다.

누군가 떠나간 것인가?
누구를 떠나온 것인가?
가슴엔 온통 쓰라린 상처뿐인가?
바람도 벌써 차가워져 살을 에는데
돌아가 잠들지 않는 너는 누군가?

하늘도 안타까워 검정색 눈물을 흘리나?
달도 별도 모두 숨어버린 고요 속에
잠들지 않는 새 한 마리 운다.

잠들지 못하는 사람 하나
따라 흐느낀다.

용기

글을 쓰면
내가 미처 보지 못한 것들이
나를 깨운다.

스무 해를 넘게 봐왔던 사람의 어느덧 무성해져버린 흰머리칼과
마흔 해를 넘게 봐왔던 늘 건강하리라 했던 사람의 잃어버린 이빨 같은 것들.

내 안으로 깊이 침잠해본 사람은 안다.
내가 말한 거짓들이 어떻게 나란 인간을 만들어 가는지,
그 거짓들이 어떻게 내 행세를 하며 이 세상을 살아가는지,
내가 보지 못한 나의 모습들이
내가 보지 않으려 했던 내가
슬픈 얼굴로 나를 보고 있는 이유를.

글을 쓰면
발가벗은 내가 보인다.
눈물 많고 멍청하고
터무니없는 자신감과 어눌한 순진함이 뒤죽박죽된 사람이
나라는 걸
너무하다 싶을 정도로 투명하게 보인다.
이 모든 것이 아주 잔인하지만 시원하게 보인다.

벌거벗은 자신을 볼 용기 없는 자,
절대 글 쓰지 마라.
그 글이 당신의 뒤통수를 항상 노려보고 있을 거니까.

별이 되어 네게로 간다

하늘에는 언제나 느닷없는 바람이 불어오듯
내 사는 이곳에도 슬픔과 기쁨이 엇갈리는 날 많지.

함께 한 시간이 사랑을 약속해주지 않듯
이별의 아픔 또한 영원하질 않지.

홀로 환하던 달이 제 빛을 내려놓으면
부끄럽다는 듯 비로소 드러나는 작은 별들처럼
내 사랑이 그랬다는 걸
많은 날 흐른 뒤에야 문득
알지 말았으면 해.

나 가고 백 년즈음 뒤에야 너는 보게 될까,
너를 향해 쉼없이 달렸던 나의 사랑을.
아무렇지 않은 듯 너를 두고 돌아서야했던
그 무너지던 마음을.

흔한 세월, 흔한 사랑 속에
너무나 드문 아름다운 이별을 꿈꾸었던
어느 작은 별의 속삭임을.

어머니와 홍시

옥상밭 가장자리 한 그루 감나무의 감이 익어갈 무렵이면 머니는 어김없이 싸움꾼이 되거나 구미호가 되곤 하시는데

어떻게 알았는지 어디선가 날아온 까치떼에게 올해는 홍시를 다 뺏기지 않겠다는 결연한 어머니는 기다란 몽둥이와 통통한 몸매로 까치떼에게 위협을 가하고 무게를 못 이겨 작은 바람에도 툭, 떨어져 내리는 홍시를 개미떼의 공격으로부터 지켜내는 것이다.

하지만 이미 까치나 개미떼, 바람의 공격에 희생당한 홍시는 늘 있는 법이라 "아이고, 아까바라."애타는 어머니의 목소리가 창문을 비집고 들어와 나의 새벽을 깨우는 날이 많다.

부엌에서 부시럭거리는 소리, 호르륵거리는 소리를 따라 옥상방에서 내려온 졸리운 나는 뒤돌아 뭔가를 빠르고 열심히 드시는 어머니의 등에다 뭐하시냐고 묻는데 깜짝 놀라 돌아보시는 어머니의 겸연쩍은 듯 씩, 웃으시는 만족한 입에는 삐죽 흘러나온 홍시의 붉은 피! 가 선연하다.

까치도 개미도 좀 먹게 놔두지, 하며 낄낄대며 돌아서는 내 귓가에 "아, 아깝다 아니가. 이게 한 나무에 몇 개나 연다고 와 지들이 다 먹어뿌노."하는 귀여운 투정을 방울방울 다신다. 그러면 나는 문득 '딱, 구미호 같네. 신선한 시체에서 김이 모락모락 나는 심장 꺼내 먹고 붉은 입 쩝쩝거리는 구미호. 허, 근데 설마 진짜 살찐 구미호인 거 아냐?' 하는 생각이 들면서 어머니를 다시 한 번 의심의 눈빛으로 쓰윽 돌아보게 되는 것이다.

세상에서 가장 먼 여행

삶에는 언제나 예기치 못한 바람이 불어
낯익은 곳에 선 두 발마저 어지러울 때
훌쩍 낯선 곳으로 떠나볼까?

아무도 나를 알지 못하는 곳.
아무도 나를 찾지 않는 곳.
꾀죄죄한 몰골로 멍하니 서 있어도
힐끔거리는 눈길이야 씨익, 웃음으로 맞아주면 금방 나를
잊는 곳.

느린 기차를 타고 무작정 떠나볼까?
빙빙 돌아가는 버스를 타고 정처 없이 가볼까?
쓰러지듯 누워 또 한 밤을 보내고
뒤척이며 가까스로 일어서는 새벽을 들쳐 업고
이 삶에는 이제 아무런 미련조차 없다는 듯 훌쩍,
떠나는 낙엽들처럼
바스락거리며 부서져볼까?

세상에서 가장 먼 여행은
나를 찾아 떠나는 것.
헤매도 헤매도 찾을 수 없는 것을
찾으려 헤매는 것.

하지만 그것이 내가 나를 사랑하는 이유.
하지만 그것이 내가 오늘을 사는 이유.
그리고 마침내 너를 사랑하게 되는 이유.

가을을 달리다

그 가을날.
붉고 노오란 낙엽들이 바람을 업고 달리던,
은행의 고린내
바다의 비린내
세월의 묵은내를 짊어진 어느 자그마한 어촌가를
어슬렁거리며 걸어 다녔지.

드문드문 연인들의 달콤함이 저만치서 보이고
홀로 낚시하는 중년의 허허로움도 보였어.
귓가를 때리는 파도소리
눈앞을 가르는 갈매기의 날개짓
마구 흔들리는 부표들의 장난질을 빤히 바라보다
하늘이 붉게 물들어가는 걸 잊고 있었어.

금방 컴컴해진 낯선 곳에서
홀로 우두커니 서있기도 머쓱해져
하얀 파도들과 함께 뛰었지.
막 피어나는 모닥불처럼 활활 뛰었지.

인적 끊어진 어느 작은 어촌 바닷가
별빛들이 슬렁슬렁 녹아드는 가을 바다를 다시 보네.
검은 파도 위 하얗게 부서지는 별들의 노래를 듣네.
벗들 어디론가 다 돌아가고 문득 홀로 남은 갈매기
그 흐느끼는 외로움을 오래오래 보네.

길

길은 주름이다.
한 해 한 해 켜켜이 쌓이는 나이테처럼
얼굴에 수놓아진 세월이다.

콩나물

비 내리는 장날 새벽이
콩나물은 서럽다.

찬비 맞아 벌벌 떠는 몸뚱어리 서러워
못 살겠다, 이렇게는 못 살겠다고
젖은 길바닥에 철퍽 누워 시위라도 하고픈데

차갑고 축축한 벽에 기대 조그만 몸을 돌돌 말고 졸고 있는
주인 할매를 보니
그냥 화가 확 치밀어 눈물 난다.
괜히 짜증나고 서러워져 쓸데없이 펑펑 눈물만 난다.

네 잘못이 아니다

살아간다는 건
포기함을 배우는 것이다.
어릴 때의 많고 많던 꿈들을
하나 둘씩 내려놓으면서
우리는 어른이 되어간다.

어떤 이는 하나의 꿈으로 성공을 이루고
어떤 이는 여러 개의 꿈을 한꺼번에 이루기도 하지만
대부분은 꿈을 내려놓고
직장을 갖고 가정을 꾸리고 자식들을 키운다.
때때로 내가 잊고 사는 게 무엇인지 떠오르긴 하지만
일상에 묻히면 또 저만치 밀어두고 앞만 보고 걸어간다.
조금만 더 고생하면
이 일만 끝이 나면
그러면서 한생이 끝으로 향한다.
간혹 몇몇은 일상에서 이탈해 꿈꿔 온 삶을 향해
가기도 하지만
대부분은 발목 잡는 게 너무 많다며
엄두조차 내지 않는다.

나는 나의 꿈들을 어디즈음 두고 왔을까?
기억조차 가물가물한데
내 꿈이 산산조각 난 그날들은
지워지지 않는 각인처럼 남았다.
지울 수도 치유할 수도 없는 상처는
내 가장 어두운 곳에 똬리를 틀고 앉아
잊을만하면 한 번씩 혀를 낼름거리며 기어나온다.

아주 긴 밤을 뒤척이며 보냈고
먼 나라에서 모든 아픔을 벗어놓고자 했지만
그 모든 것은 실패였다.
내가 쥐고 있는 아픔
내가 쥐고 있는 절망
나는 끝내 내려놓지 못했다.
용서하고자 하는 그 마음이
오히려 나를 지옥으로 몰아세웠다.

그래서 마침내
용서하려는 그 마음을 내려놓았다.
아무리 몸부림쳐도 안되는 것은 하지 말자고 했다.
아무것도 용서하지 않겠다 하니
오히려 마음이 편해졌다.
이후로는 그 누구에게도 쉽게
누군가를 용서하라는 말을 하지 않으리라.

잃어버린 신뢰보다
다시는 누군가를 믿지 못할 거란 의심과 두려움이
얼마나 고통스러운 일인지 모르는 이들에게
용서는 사치다.
그러니 용서받지 못할 이들을 위해
용서하지 못하는 자신을
탓하지 말자.

네 잘못이 아니다.

눈물꽃

세상 어딘가에서 눈물꽃이 핀다면
그곳에 사랑이 있어서란다.
세상 어딘가에서 눈물꽃이 진다면
그곳에 사랑이 있어서란다.

모두 다 아무렇지도 않게 살아가지만
기억의 퍼즐들이 모이면
저도 모르게 눈물이 나는
그런 추억은 하나씩 가지고 있는 거란다.
세상을 다 속여도
자신은 속일 수 없는 거란다.

새벽기차 기적소리와 함께 떠나는 별빛들에게
누군가가 눈물꽃을 바친다.
살아서 다시 잠시,
아프다.

생각에 대한 생각

생각을 깊게 하려고
생각을 바라보니
생각이 사라진다.

생각의 늪에서 허우적거리다
생각의 무덤속에 누운 적도 많았는데

이제는 생각을 하려고 생각을 붙잡아도
어느새 생각은 사라지고
사라진 생각을 찾느라 쩔쩔매는
나만 남았다.

마음은 편한데
몸이 굶는다.

꼬리에 꼬리를 물고 떠오르는
뒤죽박죽 제멋대로인 생각들
보면 사라지고 보면 사라지는 것들을
잘 걸러내야 한다.

그래야 진짜 생각이 온다.

쓰러지지 않아야 하는 이유

용서는
나의 가장 어두운 부분이다.
가장 깊은 곳에
가장 아픈 곳에 뿌리박은 눈물이다.

나는 그 누구에게도
용서한다는 말을 쓰고 싶지 않았다.
아니 그 말을 쓸 수 있는 경험이 없기를 바랐다.
하지만 인생은 늘 뜻과 어긋나기 마련이어서
피하고 싶다고 피해지는 것이 아니다.

오랜 시간 나의 화두는
용서였다.
아무런 잘못 없이 살아왔다
자신할 수 없지만 적어도
누군가의 간절한 꿈을
나를 위해 짓밟지는 않았다.

폭염의 여름에
지쳐누운 늙은 어머니
한생이 참으로 고단했음을 본다.

울지 말아야겠다.
저 삶 앞에서는 절대
울지 말아야겠다.

못 다한 말

올해 첫 장맛비가 내린다.
그날 이후 오랫동안 빗소리에 귀기울이지 못했다.
빗소리가 늘 아프다 아프다 했다.
귓가를 맴돌던 소리는 마음에 닿자
미친 듯이 울어댔다.
하늘이 우는 건지 내가 우는 건지 알 수 없는
시간들이 흘러갔다.

괜찮다 괜찮다
비가 내린다.
술이 없어도 잠을 자고
문득문득 치미는 화에 눈물부터 날 때도
아직은 있지만
그래도 이제는 이 빗소리가
빗소리로 들린다.

다행이다. 아직도 살아서 살아있어서
다행이다.
용서하지도,
용서할 수도 없지만
그래도 용서할 수 있는 시간이 남아있어서
참말로 다행이다.

우리가 먼저 사랑이 되어

지금은 우리의 시작이
비록 힘이 들어도
겨울나무 뿌리처럼 살아간다면
어느새 꽃 피고 열매 맺지 않으랴, 그러니

희망이 너무 멀다 울먹이던 사람아
주저앉고 싶을수록 하늘을 보자.

지금은 우리의 시작이
하늘만큼 넓지 못해도
가슴엔 언 땅에도 꽃 피울 꿈이 있으니
먼저 힘차게 일어나
흐린 얼굴 떨쳐버리자.

훈풍(薰風)은 느닷없이 불어오고
봄은 언제나 꿈꾸는 사람의 노래
지금껏 우리를 키워온 모든 노인들을 위해
앞으로 우리가 키워 갈 모든 아이들을 위해
가난한 사랑이 살아 숨쉬는 세상을 위해

가자,
우리가 먼저 사랑이 되어!

봄소식

가지 끝에 봄들이 모여
옹기종이 햇살을 쬔다.

아직은 쌀쌀한 바람 깊고
아직은 서둘러 어둠 오지만

깊어지는 강물 따라
모여드는 구름 따라
아기 강아지처럼
쪼르르 봄이 온다.

여기저기서 터져나는 꽃들의 함성
소식 한 자 없이 와글와글 달려온다.

봄

기똥차게 맑은 날엔
길다랗게 누운 무덤 옆에 누워서
그 옆에 숨죽이고 막 피어나는 윤회의 절정을 보아라.
바람도 까치발로 지나가고
대숲도 쉬쉬거리며 저들끼리 침묵의 약속을 하는

서럽게 맑은 날엔
동그랗게 누운 무덤 옆에 앉아서
그 몸을 딛고 서는 어린 풀꽃들을 보아라.
동그란 몸 위에 동그란 꽃잎들이 하나 두울 날아와
동그랗게 얘기하는 동그란 침묵을 보아라.

그렇게 한나절 꿈꾼 듯 눈부신 침묵 앞에서
동그랗지 못했던 삶을 반성하듯 끄덕이는 나무를 만나고
이제 갓 태어난 풀벌레들이 연고 없는 무덤 위에
소주 한 잔 올리는
동그란 일들을 벙긋벙긋 보아라.

봄비

꽃잎이 지네요.
그 꽃잎 진 자리에 막 돋아난 어린 새싹도
낙엽처럼 지네요.

어디로 갈까요?
어디로 가나요?
여기가 어딘지도 모르는데

하늘도 눈물을 흘려요.
어둠 속에 몰래 우네요.
밤새 뜬 눈으로 뒤척이네요.

꽃잎 진 자리
떠나온 그날처럼 아파오네요.
가슴을 치며 숨이 멎어라 울던 그날의 바람이 부네요.

꽃잎이 지네요.
하나, 두울,
후두두둑

이른 봄 들꽃밭에서

그 많은 그리움들을 과거에 두고 왔다.
떠나지 않으려는 발버둥들을 뒤로 하고
무거운 마음과 걸음을 벗어둔 채로

과거의 별은 반짝였으리라.
분명 더 반짝였으리라.
지금 나의 빛은 희미하고
아무데나 힘 없이 주저앉아 울고 싶은데

그러니 잊자,
이미 지나온 길들은.
다시 되돌릴 수 없는 것들은.

가야할 길은 천지고
빛나야 할 마음들은 너무 많아
넘어지고 또 넘어져도
일어나 외쳐야 하므로
작디 작은 꽃으로도 피어야 하므로

봄날

그 많은 그리움들을 과거에 두고 왔다.
목련꽃 피는 날
새로 난 자전거 길을 걸어서 그냥 걸어서 간다.
여기가 어디인지
무엇 때문에 여기 왔는지도 잊은 채

따스한 햇살 아래
이런 날은 빨래도 기분 좋게 마를 거라는 싱거운 생각을 하면서
스쳐지나가는 자전거 한 대를 물끄러미 바라본다.

처음 자전거를 배우던 때
이제는 떠나고 안 계신 아버지의 환한 웃음처럼
목련꽃 화들짝 피어올랐다.
발도 닿지 않는 높다란 자전거를 타보겠다고 낑낑거리던
꼬마 지지배
어느새 세월따라 주름만 늘어서

목련꽃 따스한 꽃길을
혼자서 걸어간다.
햇살이 종종걸음을 치며 따라오는 자전거 길을
목련꽃처럼 슬렁슬렁 걸어서 간다.
저만치서 벚꽃이 질투하듯 터져오른다.

똥강아지

갑작스런 더위에 산책을 마친
산이가 잔다.
코를 골며 잔다.

볼록나온 배가 늘 걱정스러운데
잘 먹는 게 못 먹는 거보다 낫다는
자조 섞인 마음을 조금은 알기나 하는지

잔다.
쭉쭉 스트레칭을 하며 잘도 잔다.
쩝쩝
꿈이라도 꾸는가 보다.
꿈에서도 먹는가 보다.

그래,
네가 최고다.
괜한 욕심으로 평생이 괴로운 인간보다
먹고 자고 운동하며 단순하게 살아가는
네 행복이 최고다.

시로 살기로 했습니다만

시를 쓰겠다고
시를 쓰는 학교를 갔다.
학교에 다니다 보니
시를 쓰는 것보다
시로 살아야겠다, 했다.

살다 보니
시를 쓰는 것도
시로 사는 것도
제대로 된 것이 하나도 없는 것만 같다.

시는 저만치서 날 보고 눈물 흘린다.
삶은 가슴에 앉아 한숨만 쉰다.
바람이 불고
또 바람이 진다.

낙엽이 뒹구는 가슴을 시에 실어본다.
나는 살고 있는 것일까?
시처럼
시가 되어?

전염

억수같이 내리는 비를
가만히 바라본다.
휘날리는 꽃잎 같았다가
앞을 완전히 가리운 안개처럼 내리는 빗속을
얼굴 없는 사람 하나 잔뜩 웅크린 채
천천히 걸어온다.
나는 그 모습이 그림자 같다고 생각한다.

지치고 젖은 그림자는 공중화장실 처마밑에 털썩 주저앉아
알 수 없는 소리를 오래오래 웅얼거린다.

저 빗속을 얼마나 걸어왔을까?
물끄러미 바라보던 그때
두 눈이 마주친다.
나는 얼른 고개를 돌린다.
상처와 상처가 만난 듯
온몸이 화끈거린다.
내 눈빛에 섞인 그의 눈빛이 아프다.

다들 말 못 할 슬픔들 하나씩 지고
간간이 웃으며 살아간다지만
삶이 뭉개져버릴 만큼 아픈 상처는
딪고 다시 설 용기마저 앗아가 버린다.

깡마른 그림자가 비틀거리며 멀어진다.
비는 아직도 억수같이 오는데
공허하고 슬픈 눈동자만 덩그러니 남아서
내 몸을 사납게 후려친다.

이런,
날이 개면 얼른 나를 내다 말려야겠다.
늪 같은 슬픔을 햇살에 내어주고
바람과 함께 살랑살랑 흔들려야겠다.
가벼워져야겠다.

다시 또 살기 위해서

흑백사진

난꽃을 보면 어머니는 늘
모시옷을 입은 여자 같다
고 하셨다.

빛바랜 흑백사진 속
하아얀 모시 한복을 입은 어머니
환하게 웃으시며 달리는 난꽃이다.
이제 막 피어난 눈부신 꽃한송이다.

희망이 지겨워졌다

희망은 먼 친구
절망은 절친
먼 데 있는 건
언제나 그립다.

희망이 지겨워졌다.

희망이 지겨워졌다 2

수많은 날들이 나를 스치고 갔다.
때로는 나는 나무처럼 서서 그들을 맞이하기도 했고
때로는 강물처럼 어깨를 들썩이며 울부짖기도 했다.
삶이 덧없다 하다가도 작은 웃음 하나에
이 삶이 영원했으면 하고 바라기도 했다.
나를 할퀴고 간 시간은 앞으로도 그럴 것이다.
그때마다 나는 또 삶과 죽음 사이를 오가며 다가올 날을
희망이라는 아름다운 포장지로 포장할 것이다.
그러면 희망은 언제나 그랬듯이
다시 어두운 현실을 견디는 힘이 되어 줄 것이다.
지겨운 희망과 끈질긴 절망은 또 그렇게 잠 못 드는 긴 밤을
펄처럼 오래 질척일 것이다.

소유에 관하여

살다 보니 혼자가 좋은 이유를 알겠다.
살다 보니 가진 게 많지 않은 게 좋은 이유를 알겠다.
얽히고 설킨 인연에 숨이 턱턱 막혀올 때
홀가분하게 내려놓고 떠날 수 있으려면
사람이든 재산이든 쥐고 있는 것이 적어야 한다.
미련 둘 것이 적어야 한다.
그래야 삶이든 죽음이든
진정 가벼울 수 있다.

아이러니

인간이 문제다.

자기가 보고 듣고 싶은 것만 보고 듣고
과정의 옳고 그름에 대해서는 눈을 감는다.

감정적 선동은 잘하는데
그 선동의 근거가 희박한 경우가 많다.

지키지도 못할 말들을 먼저 쏟아 내놓고
안되면 남탓이 먼저다.

유리하면 감언이설로 타인을 농락하고
불리하면 큰 목소리로 협박질이 먼저다.

제 이익을 위해 두 눈에 쌍심지 켜는 데는
성속(聖俗)이 따로 없다.

하지만 또
이런 문제적 인간이
자신들이 벌려놓은 문제를 풀어갈 것이다.

언제나 그래왔듯이

낙동강에서

강가에 낚싯대를 드리우고
하염없이 찌만 바라보고 있는 도시의 강태공들
나는 오래 그들을 바라본다.
아무도 아무것도 서두르지 않는 고요가
석양을 따라 내린다.
그때,
큰 물보라를 일으키며 팔뚝보다 큰 것이 펄쩍 뛰어오른다.
물고기다!
작은 흥분들이 여기저기서 반짝거린다.

제법 오랜 시간동안 이곳을 지나다녔지만
저토록 큰 물고기를 나는 본 적이 없다.
이 강에도 저렇게 큰 물고기가 살고 있었구나!
붉게 상기된 강태공들의 웅성거림이
내리는 어둠을 뚫고 폭죽처럼 터져나온다.
긴 기다림이었으리라.
때로는 그곳에 외로움도 분노도 묻었으리라.
한순간의 환호가 잠시 지친 삶을 밝혔으리라.

천천히 발걸음을 옮긴다.
나도 모르게 뜨거운 눈물이 난다.

강물이 된다.

낙동강에서 2

네가 속삭였던
네가 지키지 않았던 무수한 말들을
강물에 던지고 돌아왔다.
그것들이 할퀸 상처로 붉게 물드는 강물을 보고 돌아왔다.

강물은 원망하듯 몇 번인가 나를 쳐다보고는
천천히 발길을 돌려 밀려갔다.
마음이 얼어버려 눈물도 얼어버렸다.
울고 있는 강물을 눈물 없이 바라보았다.
상처 없는 삶이 어디 있냐고 등을 돌려버렸다.

덧난 상처를 핥으며 강물이 진다.
어두워지는 강물 위로
저 세상 같은 달빛이 일렁인다.
시간이 저만치 하얗게 울고 있다.

삐걱거리다

바람 한 닢 떨어지다
꽃잎처럼 달려간다.

그 꽃잎 위 하얀 눈물 맺혀
앞조차 보이질 않는데
말없이 쌓아둔 오랜 상처들이 새삼 아팠는지
울음소리도 없이 날아간다.

저 강물 엷은 살결 위
재채기처럼 일어서는 작은 물결들은
피다만 내 사랑을 닮았다.

세월호

스치고 지나가 버린 꿈이
어렴풋이 노래를 부르면
나 홀로 여행을 떠난다.

이제는 돌아올 수 없는 이들이
뜨거운 가슴을 스치고 가면
아무데나 털썩 주저앉아 하늘을 본다.

슬픔은 왜 이렇게 한꺼번에 몰려오는가?
한 번 터진 눈물은 왜 멈추지 않는 것일까?

한순간에 모든 것을 잃어버린 가슴들은
오늘을 또 어디에서 밤을 지새우나?

내가 꿈꾸었던 건 아이들이 행복한 세상
그 아이들이 자라서 꿈과 희망이 되는 세상

주인 잃은 신발 한 짝
바닷가 바위 위에 멍하니 서서
돌아오지 않는 너를 기다린다.
돌아오지 못하는 너를 불러본다.

홀로 걷는 발걸음 무겁고
홀로 지새는 밤은 아아
너무 길어라.

편지

너와 헤어지는 편지 속의 모든 글자들이 울고 있다.

느닷없이 온 사랑처럼
느닷없이 가버린 사랑을
말없이 그 어떤 느낌도 없이 그저 멍하게
까만 글자들이 점점 더 붉게 물들어가는 것만 본다.

속으로 삼키다 삼키다 마침내 터져버린 눈물들은
검붉게 타들어 가는 나의 심장을 닮아있다.
아직 너무나 많은 말들이 남은 것만 같은데
아직 너무나 많은 사랑들이 남은 것만 같은데

눈물들이 글자들을 지운다.
붉은 눈물 사이로
아직 너를 향해 뛰고 있는 내 사랑이 보인다.
아직도 너를 찾는 내 눈동자가 보인다.

떠난 네가 아파서가 아니라
남은 내 사랑이 아파서
이러지도 저러지도 못하는 마음들만 들고서
불쑥 네가 웃으며 왔던 길들을 찾는다.
불쑥 네가 울며 떠나버린 길들을 찾아 헤맨다.

시(詩)

추적추적 오는 비를
저만치 시들며 맞고 있네.

지난 밤 별을 보며 환호하던 시,
아침부터 술에 절어 노래하는 시,
쌀쌀한 주위에 옷깃을 여미며 잰걸음으로 가는 시,
김이 모락모락 오르는 국밥집에서 뜨거운 국물로 몸을
데우는 시.

돌연 술에 쩐 시가 꼬꾸라지며 '스'가 되네.
<u>으스</u>스한 추위에 온몸이 오그라들며 시로 서있기 힘들다며
'스'가 되네.
시를 쓰는 것도
시로 사는 것도
비틀거리며 간신히 이 삶을 걸어보는 것도
나는 몰라라 하며 얼어붙은 길 위에 누워버리네.

'스'가 된 시
누구도 돌아보질 않네.
눈길조차 주질 않네.

친구에게

왜바람이 붑니다.

그 바람 따라 이리저리 정신없이 날리고 뒹구는 낙엽들.

……혹시 당신도 낙엽이 되었습니까?

친구에게 2

가슴이 너무 아프면
눈물도 나지 않나 봐.

너를 떠나보내던 그날도
하늘이 날 대신 펑펑 울었지.

네가 남긴 웃음과 노래는
이 산 저 산 환한 들국화로 피어나 흐드러졌는데

시간은 너를 두고 무심히 흘러
떠올리려 해도 떠오르지 않는 네 얼굴이
깊은 한숨 속에 뒤척이네.

가슴이 너무 아프면
아무 말도 할 수 없나 봐.

흔들리는 작은 꽃잎들 보며
그저 짧은 안부만 물을 뿐.

친구에게 3

웃으며 보내려 했는데
마음이 먼저 울어버려서
웃지도 울지도 못하는 얼굴로
멍하니 저물어가는 붉은 하늘만 보네.

언젠가 어디서 다시 만나더라도
씩 웃자고 말하긴 했는데
이 바보같은 마음은 왜 눈물만 흘리나!

이젠 잊어야지 잊어버려야지
굳게 다짐하고 돌아섰는데
눈가에 생생한 네 미소
저 달로 울컥 떠오르네.

친구에게 4

내 어찌 사람을 말할 수 있으랴!
내 어찌 사람의 길을 말할 수 있으랴!
흔들리고 무너지고 상처 입어
어린 짐승처럼 앓고 있는 그대를 보면서

하늘도 눈물이 있어서
가끔은 들썩이며 우는데
하늘도 그리움이 있어서
흰구름 띄워 편지를 쓰는데

눈물이 말라버려서 울 수도 없는
그리움이 지워져 버려 아무것도 그립지 않는
상처뿐인 그댈 보면서

내 어찌 그래도 사람이 희망이라
어깨 다독이며 말 할 수 있으랴!

꽃 피고 꽃 지고
우리도 저마다 기울어 마침내 저물어 가는데
지나고 나면 다 잊어진다고
사노라면 버티고 살아온 날들이 아름다울 거라고
숨죽여 숨어 흐느끼는 그댈 보면서

친구에게 5

너는 나의 빛이었다.
너는 나의 바람이었고 구름이었다.
그 속에서 나는 숨 쉬고
그 속에서 나는 웃을 수 있었다.
긴 기다림도 찰나였다.

너는 나의 어둠이었다.
너는 나의 썩은 물이었고 덧난 상처였다.
그 속에서 나는 질문을 했고
그 속에서 나는 눈물을 흘렸다.
찰나도 영겁이었다.

너 떠난 자리에
휑한 바람이 분다.
깨진 거울이 거칠게 나뒹굴고 있다.
내 얼굴이 부서지고 있다.

천장(天葬)*

나의 하늘은 저쪽
너는 저쪽에서 날아온다.

흙과 바람과 너뿐인 곳에서
머리카락 풀어 젖힌 바람이
멈춘 듯한 시간을 흔들고
과거와 미래가 부딪히는 땅 위를 쓸어버린다.

삶과 죽음이 뒤엉켜 뒹구는 이 산 위에
작은 주검 하나가 새로운 윤회로 태어나면
이제는 내려갈 때라고 어서 가라고
승려는 등을 떠민다.

나의 하늘은 저쪽
걸어도 달려도 닿을 수 없는 저쪽
눈부시게 눈물 부시게.

*천장(天葬)은 조장(鳥葬)이라고도 하며, 티베트의 전통 장례식을 이른다.

천장(天葬) 2

어둠이 채 깨지 않은
새벽이었다.
망자(亡者)는 들것에 실려 산을 올라왔다.
따라온 가족들은 슬프기보다 오히려
편안해 보였다.

살집이 있는 망자를 바라보는
독수리들의 눈빛이 빛난다.
숙련된 칼솜씨의 승려가 재(齋)를 올리고
보릿가루를 뿌려 그들에게 건넨다.
한바탕 소란이 거친 바람처럼 인다.

망자의 윤회를 바라보던 가족들은
승려를 향해 감사의 인사를 하고 산을 내려간다.
승려는 나를 향해 컵라면 하나를 건네며
밥, 먹고 가라 한다.
방금 천장(天葬)을 끝낸 화장터에 앉아
컵라면을 먹는다.
따뜻하다.

저 멀리 또 다른 가족들이 망자를 싣고 온다.
하나의 윤회가 끝나자
또 하나의 윤회가 준비된다.
독수리들의 눈빛은 행복하다.
사람들은 이별은 슬퍼하지만
죽음을 슬퍼하지 않는다.

모든 준비가 끝나면
망자는 그렇게 먼길을 떠나고
또, 다시 돌아올 것이다.

천장(天葬) 3

우리는 모두 별의 심장을 가지고 태어나지.
그 별들이 자라 어른이 되고 늙어서
다시 별로 돌아갈 때까지
별빛으로 숨을 쉬고 별빛의 웃음을, 눈물을 가지고 있지.

우리는 모두 별의 마음을 닮아있지.
반짝반짝 혹은 흐리게 빛나도
아름답긴 똑같은 사람의 얼굴로

자신만만하던 젊음도
저물어 쓸쓸해지는 노년의 눈길도
차가운 주검으로 누운 저 낯선 이들도
한때는 모두 자신의 빛으로 환하던 별들이란 걸

잊지 말았으면 해.
너와 나, 우리 모두
별의 심장을 갖고
별로 살다가는
아름다운 빛의 화음이라는 걸

천장(天葬) 4

고통이 벌떼처럼 몰려오는 날
두려움이 들불처럼 일어나는 날은
침묵으로 그대를 맞으리.
고개 숙이지 않고 등 돌리지 않고
마치 오래 기다려온 운명을 만나듯
그대를 꼬옥 안으리.

이젠 다시는 숨지 않으리.
고통 앞에서
두려움 앞에서
갑작스런 가난 앞에서
보이지 않는 길들을 헤메지 않으리.
더듬어 더듬어 더디 가도 결코 주저앉지 않으리.

한 방울의 빗줄기가 마른 대지에 내리면
온마음을 바쳐 감사하는 사막의 사람들처럼
이 삶을 누리리.
내가 왔다간 흔적 따위는 잊으리.
내가 누구인가? 따위도 던져버리리.
성긴 바람처럼 살다가리.
느긋한 강물처럼 살아가리.

천장(天葬) 5

들어본 적은 있겠지?
누구나 한 번은 살게 되는
이름 잊은 그리움 따위는 아니더라도
바람결에 스쳐가는 아름다운 날의 꿈을

생각해본 적은 있겠지?
아무리 생각 없이 산다 해도
한 번쯤은 가만히 서서
바람이 전해주는 선한 사람들의 아픈 노래를

외쳐본 적은 있겠지?
나도 너도 이 땅 위에 이름 없이 살다 간대서
아무런 서러울 것 없는 인생이지만
그래도 한 번쯤은 의로운 삶을 꿈꾸어 본 적은 있겠지?

목 놓아 우는 세월을 달래본 적은 있겠지?
낙엽이 지고 새싹이 트고
산 것이 가고 죽은 것이 다시 오면
잊자고,
죽어도 잊어버리자던 것들이 맴도는 강가에 넋 놓고 앉아서
네 이름자 활활 태워본 적은 있겠지?

나는 누구인가?

나 죽은 뒤 나는 있을까?
살아서도 없는데 죽은 뒤엔 있을까?

찾아도 소용없는 것들을 먹여 살리느라
이 삶이 참으로 흔들거렸다.
비틀거렸다.

이제는 묻지 않고 살련다.
묵묵히 살다 가볍게 가련다.

시로 살기로 했습니다만

인쇄일 2025년 6월 30일
발행일 2025년 7월 1일

지은이 | 돌산
펴낸이 | 도희윤
펴낸곳 | 리베르타스
주소 | 서울 중구 충무로2길 20 2층
전화 | 02-735-1210
이메일 | libertasbook@gmail.com
출판등록 | 제2022-000052호
ISBN 979-11-979030-5-2 (02800)
값 10,000원

• 잘못된 책은 구입하신 곳에서 교환해 드립니다.